Inhalt

Cross-Docking - Lagerbestände überflüssig

Kernthesen

Beitrag

Fallbeispiele

Weiterführende Literatur

Impressum

Cross-Docking - Lagerbestände überflüssig

I.Zeilhofer-Ficker

Kernthesen

- Beim Cross-Docking werden Lieferungen sofort an die Kunden bzw. Einzelhändler weitergeliefert, ohne vorher in ein Zwischenlager eingelagert zu werden.
- Man unterscheidet ein- und mehrstufige Cross-Docking-Varianten, je nachdem ob am Umschlagpunkt noch weiter verteilt bzw. konsolidiert wird.
- Mit Cross-Docking können Lager- und Prozesskosten mit relativ geringem Aufwand eingespart werden - wichtiges Kriterium in wirtschaftlich unsicheren

Zeiten.

Beitrag

Was ist unter Cross-Docking zu verstehen?

Die ersten Pilotversuche des Cross-Dockings wurden von amerikanischen Verladern bereits in den 1930ern durchgeführt. Ab den 50er Jahren nutzte dann das amerikanische Militär das Cross-Docking. Der Durchbruch gelang, als Wal-Mart in den späten 80ern begann, den Sofortumschlag für die Versorgung seiner Einzelhandelsgeschäfte einzusetzen. Cross-Docking (auch Kreuzverkupplung oder Transshipment) bedeutet, den Warenumschlag ohne dazwischen geschalteten Einlagerungsprozess durchzuführen. Beim Standardwarenumschlag werden Warenlieferungen beim Empfänger kontrolliert, auf Produktebene herunter gebrochen und auf verschiedene freie Lagerplätze im Zwischenlager verteilt. Erst wenn die Einlagerungsschritte im Bestandssystem erfasst sind, kann die Ware für Kundenaufträge freigegeben, kommissioniert und wieder für den Versand fertig gemacht werden.

Anders beim Cross-Docking. Moderne Datensysteme erlauben es, dass bereits der Hersteller ganze Lieferungen für den Endempfänger konfiguriert. Liefert er beispielsweise eine ganze LKW-Ladung von Kühlschränken, so können die Paletten so gepackt werden, dass sie am Umschlagspunkt (auch Transshipment-Punkt) direkt palettenweise auf die entsprechenden Laderampen der einzelnen Einzelhandels-Geschäfte verteilt werden können. In vielen Fällen übernimmt der Hersteller sogar die Endempfänger-Etikettierung. (1)

Diese Variante des Cross-Dockings ist ein einstufiges System, mit dem die Ware wie vom Absender verpackt über den Umschlagpunkt direkt an den Endempfänger weitergeleitet wird. Man nennt sie auch Pre-Allocated Cross-Docking (PAXD). Beim mehrstufigen System werden die Lieferungen am Umschlagplatz in kleinere Versandeinheiten aufgeteilt, an den Endkunden kommissioniert und adressiert. Dieses Verfahren wird mit Break-Bulk Cross-Docking (BBXD) bezeichnet. Mit dem Aufsplitten der Eingangslieferungen kann eine Konsolidierung der Auslieferungen an Kunden oder Verkaufsstellen einhergehen. (1), (2), (3), (5)

Die baulichen Gegebenheiten eines Cross-Docking-Zentrums müssen für eine optimale

Prozessgestaltung anders sein als in einem normalen An- und Auslieferungslager. Große Lagerflächen werden nicht gebraucht, dafür möglichst viele Ladetore bzw. Rampen. Zu diesem Zweck haben sich lang gezogene rechteckige Gebäude bewährt. Ab einer notwendigen Tor-Anzahl von über 150 ist allerdings die T- oder X-Form günstiger.

Die Nutzung von Cross-Docking

Leider gibt es kaum Aufzeichnungen darüber, wie häufig das Cross-Docking in der Bundesrepublik eingesetzt wird. In den USA ergab eine Umfrage im Jahr 2008, dass rund zwei Drittel der Unternehmen Cross-Docking-Prozesse betrieben bzw. planten diese umzusetzen. Mittlerweile dürfte die Zahl der Cross-Docking-Nutzer auch in Deutschland noch angestiegen sein.(3), (4)

Schlüssel für ein effektives Cross-Docking ist die Unterstützung durch entsprechende IT-Systeme und die Möglichkeit zur gemeinsamen Datennutzung. Die Softwareunterstützung hat sich in den letzten Jahren wesentlich verbessert. So können beispielsweise elektronische Versandavise dazu genutzt werden, die bald eintreffende Ware bereits Kundenaufträgen zuzuordnen und entsprechenden Ladeplatz beim Transporteur zu buchen. Durch den Einsatz von

RFID-Identifizierungstechnik können Ein- und Ausgangskontrollen sowie Transporte von Eingangs- zu Ausgangsrampen zu einem hohen Grad automatisiert werden. (3), (4)

Die Vorteile von Cross-Docking

Cross-Docking spart Geld - denn umfangreiche Lagerflächen mit der notwendigen Ausstattung an Regalsystemen und Geräten kann man sich zum Großteil sparen. Für besonders kritische Produkte werden zwar meist noch geringe Sicherheitsbestände eingelagert, häufig verzichtet man aber ganz auf Lagerbestände. Dadurch vermeidet man auch das Risiko, Verfallsdaten zu übersehen und ein konsequenter First-in-first-out-Prozess ist ebenfalls sicher gestellt. (3), (6)

Zudem werden Durchlaufzeiten reduziert, d. h. die Ware ist schneller bei Kunden oder steht im Regal zum Verkauf bereit. Die Möglichkeit zur hochgradigen Automatisierung bedeutet außerdem eine Verringerung von Fehlerquellen. Denn je weniger eine Sendung angefasst werden muss, desto weniger groß ist die Möglichkeit von Verwechslungen, Falschlieferungen oder Transportschäden. (1), (3)

Trends

Umweltaspekte werden für die logistischen Prozesse immer wichtiger. Heute kann es sich kaum noch ein Unternehmen leisten, LKWs leer oder halbleer von Punkt zu Punkt zu schicken. Durch die Nutzung von mehrstufigen Cross-Docking-Systemen ist eine Konsolidierung von ganzen LKW-Ladungen und die sinnvolle Routenplanung leichter zu bewerkstelligen. Der nächste Schritt in diese Richtung sind Cross-Docking-Zentren, die von mehreren Unternehmen zusammen genutzt werden. Das heißt Lieferungen an denselben Kunden von unterschiedlichen Händlern werden im gemeinsamen Cross-Docking-Zentrum zu ganzen LKW-Ladungen konsolidiert. Die Routenplanung kann optimiert, oft enge Anliefer-Zeitfenster können leichter eingehalten werden. Das spart Kosten, Treibstoff und CO_2 gleichermaßen und verbessert häufig sogar noch den Service. (1), (5), (8)Weiterer wichtiger Punkt ist die Möglichkeit Kosten zu sparen. Durch die Wirtschaftskrise ist jedes Unternehmen gezwungen, auch seine logistischen Prozesse nach Einsparmöglichkeiten zu durchforsten. Mit Cross-Docking können Lagerkosten vermieden werden, ohne dass die Servicequalität verringert wird. (2)

Fallbeispiele

JCPenney praktiziert Cross-Docking schon seit 30 Jahren. In den vergangenen zwei Krisenjahren hat das Thema aber wieder mehr Bedeutung erlangt. Vor allem die Möglichkeit einer Kombination von Cross-Docking mit der Transportkonsolidierung erschließt Einsparpotenziale. Das vollautomatisierte JCPenney Retail Logistics Center in Lathrop verarbeitet 165 000 Kartons pro Tag mit einer Genauigkeit von 99,9 Prozent. (5)

In Zusammenarbeit mit der Georg-Simon-Ohm-Hochschule, dem Umweltreferat der Stadt Nürnberg, der Coca-Cola AG, der Brauerei Lammsbräu und drei lokalen Getränkelogistikern wurde ein Logistikprojekt ins Leben gerufen, das eine bessere Koordinierung von Getränkelieferungen an Nürnberger Gaststätten zum Ziel hat. Durch die Nutzung eines unternehmensübergreifenden Cross-Docking-Zentrums will man die Lieferfahrten um rund die Hälfte reduzieren und so 158 000 LKW-Kilometer einsparen. (8)

Bei AUDI wird schrittweise an allen 63 Standorten auf ein Cross-Docking-Lieferkonzept für die Versorgung der Produktionslinien umgestellt. Die Cross-Docking-Lager übernehmen den

Wareneingang und den direkten Umschlag zur Produktionsanlieferung. Diese erfolgt nach dem Warenkorbprinzip aus einem Teile-Supermarkt. (9)

Die Belieferung seiner Kunden lässt das Feinkostunternehmen Dallmayr mittels Cross-Docking über ein Logistikzentrum in Garching durchführen. Hier werden die Frischwarenlieferungen aus dem Stammhaus in München mit Lagerwaren zusammengeführt und eventuell mit Grußkarten der Kunden ergänzt. Dallmayr nutzt für die Logistikabwicklung den Dienstleister Loxxess aus Tegernsee. (10)

Weiterführende Literatur

(1) Crossdocking evolves. Mike DelBovo of Saddle Creek Transportation Inc. discusses the crossdocking strategy
aus Modern Materials Handling, United States (MODEMATH), 64 (2009) 5 page 41S

(2) Working smarter with what you have
aus Modern Materials Handling, United States (MODEMATH), 64 (2009) 5 page 41S

(3) Crossdocking: The latest and greatest.
aus Modern Materials Handling, United States

(MODEMATH), 65 (2010) 4 page 48S

(4) Crossdocking trends report
aus Modern Materials Handling, United States
(MODEMATH), 65 (2010) 4 page 48S

(5) JCPenney's crossdocking genius.
aus Modern Materials Handling, United States
(MODEMATH), 64 (2009) 10 page 7

(6) 5 low-cost warehouse resolutions.
aus Modern Materials Handling, United States
(MODEMATH), 65 (2010) 1 page 41

(7) Logistik findet auch in der Filiale statt
aus Lebensmittel Zeitung 04 vom 29.01.2010 Seite 054

(8) Alternative zur Umweltzone
aus Verkehrs Rundschau, Heft 16/2010, S. 24

(9) Audi stellt auf Cross Docking um
aus DVZ, Nr. 37 vom 27.03.2010

(10) Eine delikate Angelegenheit
aus DVZ, Nr. BBAY vom 14.11.2009

Impressum

Cross-Docking - Lagerbestände überflüssig

Bibliografische Information der deutschen Nationalbibliothek

Die Deutsche Nationalbibliothek verzeichnet diese Publikation in der deutschen Nationalbibliografie; detaillierte bibliografische Daten sind im Internet über http://dnb.d-nb.de abrufbar.

ISBN: 978-3-7379-1106-1

© 2015 GBI-Genios Deutsche Wirtschaftsdatenbank GmbH, Freischützstraße 96, 81927 München, www.genios.de

Alle Rechte vorbehalten. Dieses Werk ist einschließlich aller seiner Teile – z.B. Texte, Tabellen und Grafiken - urheberrechtlich geschützt. Jede Verwertung außerhalb der Grenzen des Urheberrechtsgesetzes bedarf der vorherigen Zustimmung des Verlags. Dies gilt insbesondere auch für auszugsweise Nachdrucke, fotomechanische Vervielfältigungen (Fotokopie/Mikroskopie), Übersetzungen, Auswertungen durch Datenbanken oder ähnliche Einrichtungen und die Einspeicherung und Verarbeitung in elektronischen Systemen.